Cachorros de perros

Julie Murray

CRÍAS DE ANIMALES

Abdo Kids

abdopublishing.com

Published by Abdo Kids, a division of ABDO, PO Box 398166, Minneapolis, Minnesota 55439.
Copyright © 2018 by Abdo Consulting Group, Inc. International copyrights reserved in all countries.
No part of this book may be reproduced in any form without written permission from the publisher.

Printed in the United States of America, North Mankato, Minnesota.

102017

012018

 THIS BOOK CONTAINS
RECYCLED MATERIALS

Spanish Translator: Maria Puchol

Photo Credits: iStock, Shutterstock

Production Contributors: Teddy Borth, Jennie Forsberg, Grace Hansen

Design Contributors: Christina Doffing, Candice Keimig, Dorothy Toth

Publisher's Cataloging in Publication Data

Names: Murray, Julie, author.

Title: Cachorros de perros / by Julie Murray.

Other titles: Puppies. Spanish

Description: Minneapolis, Minnesota : Abdo Kids, 2018. | Series: Crías de animales |
    Includes online resources and index.

Identifiers: LCCN 2017945849 | ISBN 9781532106194 (lib.bdg.) | ISBN 9781532107290 (ebook)

Subjects: LCSH: Puppies--Juvenile literature. | Dogs--infancy--Juvenile literature. |
    Dogs--Behavior--Juvenile literature. | Spanish language materials--Juvenile literature.

Classification: DDC 636.7--dc23

LC record available at https://lccn.loc.gov/2017945849

Contenido

Cachorros 4

¡Mira cómo crece un
cachorro de Collie de
la frontera! 22

Glosario 23

Índice 24

Código Abdo Kids . . .24

Cachorros

Las crías de perros se llaman cachorros.

Las camadas tienen normalmente de 3 a 8 cachorros.

Los cachorros no pueden ver cuando son recién nacidos. Tampoco pueden oír.

Sólo duermen y comen.

Beben leche materna.

Los cachorros necesitan moverse. Pueden andar con sólo 3 semanas.

¡Les encanta jugar!

A las 8 semanas de nacidos ya se les puede adoptar.

Kayla se acurruca con su labrador. ¡Le encanta su cachorro!

¡Mira cómo crece un cachorro de Collie de la frontera!

Recién nacido

6 semanas

12 semanas

un año

Glosario

adoptar
convertirse en dueño y cuidador de una mascota.

camada
grupo de crías nacidas de una vez de un mamífero.

Índice

adoptar 18

alimento 10, 12

camada 6

caminar 14

cría 4

dormir 10

jugar 16

labrador 20

oír 8

perro 4

ver 8

Abdo Kids ONLINE

FREE! ONLINE MULTIMEDIA RESOURCES

¡Visita nuestra página **abdokids.com** y usa este código para tener acceso a juegos, manualidades, videos y mucho más!

Código Abdo Kids: **BPK0062**